Gekämpft! Geschafft!

Niklas erklärt die Frühchen-Welt

Text: Ariane Thiel

Illustrationen: Sarah Liebschwager

Manuela Kinzel Verlag

Liebe Eltern, Großeltern, Freunde oder Bekannte eines (ehemaligen) Frühchens,

ich bin Mutter von zwei Kindern (heute sieben und vier Jahre alt), die als Frühchen mit 27+2 bzw. 34+0 Schwangerschaftswochen auf die Welt kamen.
Als mein Sohn sich mit fünf Jahren beim Anblick seiner Babyfotos erschreckte und mir erklärte, dass das auf dem Bild nicht er sei („denn so sehen Babys gar nicht aus"), war es mir sehr wichtig, ihm seine „Frühchenzeit" kindgerecht nahezubringen.
Deshalb suchte ich nach geeigneter Kinderliteratur zu diesem Thema, fand aber nichts, was meinen Vorstellungen entsprach. So entstand die Idee, dieses Buch zu schreiben.
Ich freue mich, damit nun anderen Familien, die Ähnliches erlebt haben oder vielleicht auch gerade erst „Frühchennachwuchs" bekommen haben, etwas Hilfestellung zu leisten und Hoffnung zu machen.
Alles Liebe für Sie und Ihre Familie und viel Freude beim Lesen und Durchstöbern!

Herzliche Grüße
Ariane Thiel

Was du in diesem Buch lesen kannst ...

Drei Jahre später ...

Das bin ich ...

Ich bin Niklas und fünf Jahre alt.

Ich gehe in den Kindergarten und spiele, lache, tobe dort wie alle anderen Kinder auch. Doch etwas an mir ist besonders – ich war ein Frühchen!
Was genau das heißt, wusste ich bis gestern nicht. Nur, dass ich früher auf die Welt gekommen bin als meine Freunde.

Gestern habe ich mir mit meiner Mama meine Babyfotos angesehen, und das war ziemlich komisch für mich. So sieht doch kein Baby aus, dachte ich – zumindest nicht die Babys, die ich bisher kannte.

Und was machen all die vielen Kabel und Schläuche an meinem Körper? Das soll ich gewesen sein?

Meine Mama hat mir dann genau erzählt, was es bedeutet, ein Frühchen zu sein, und wie das damals war ...

In Mamas Bauch

Als Mama und Papa erfahren haben, dass sie ein Baby, also mich, bekommen, haben sie sich riesig gefreut.

Bevor ein Baby auf die Welt kommt, muss es neun Monate lang im Bauch seiner Mama wachsen. Das nennt man Schwangerschaft.

Am Anfang ist es nur ein winzig kleiner Punkt, etwa so groß wie eine Erbse.

Schon bald kann man einen Kopf und einen Bauch erkennen und das Baby bekommt Arme und Beine, bis es zum Schluss nur noch größer und schwerer werden und reifen muss.

Manche Babys bleiben allerdings nicht neun Monate im Bauch ihrer Mama und kommen früher auf die Welt.

Diese Babys nennt man Frühchen.

Die Gründe hierfür sind ganz unterschiedlich.

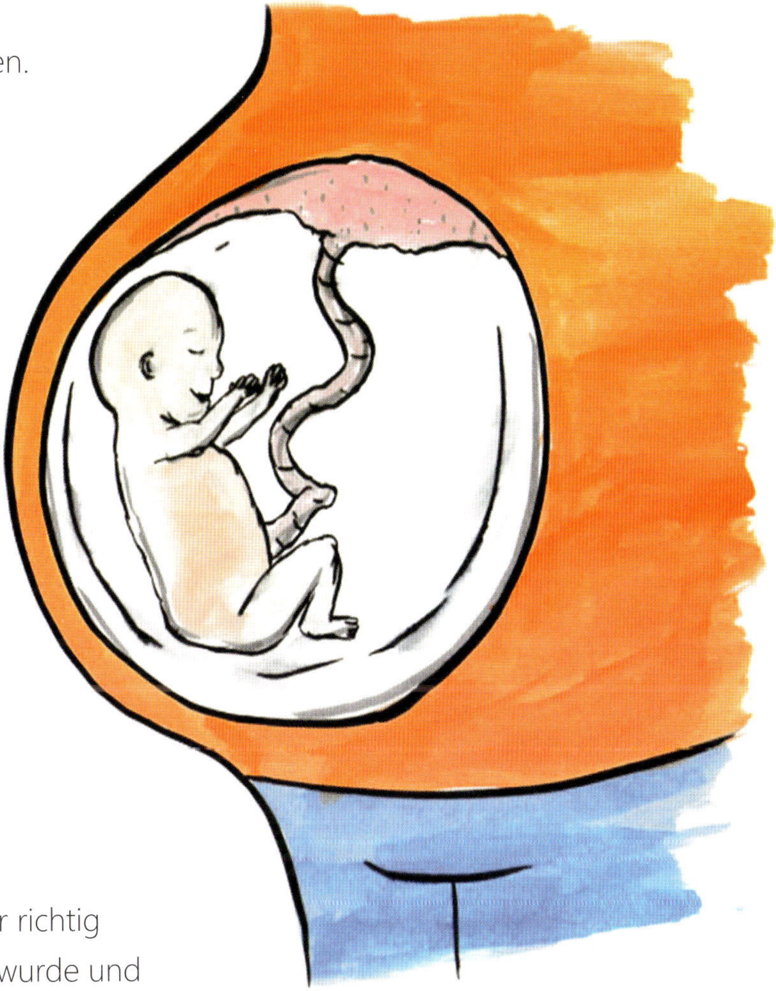

Bei mir lag es daran, dass ich im Bauch von Mama nicht mehr richtig über die Nabelschnur versorgt wurde und daher nicht mehr so gut wachsen und an Gewicht zunehmen konnte.

Die Ärzte haben mich deshalb schon nach etwa sechs Monaten auf die Welt geholt. Wann hieß es für dich „startklar machen", das Abenteuer Leben beginnt?

Ich komme auf die Welt

Wenn Babys auf die Welt geholt werden, heißt das Kaiserschnitt.

Das ist eine Operation.

Zuerst bekommt die Mama eine Narkose, also Medizin, damit sie keine Schmerzen hat. Dann öffnen die Ärzte den Bauch mit einem kleinen Schnitt und holen das Baby heraus. Das ist der Moment der Geburt. Wenn bei deiner Mama auch ein Kaiserschnitt gemacht wurde, dann kann man an der Stelle, an der du aus dem Bauch rausgeholt wurdest, auch heute noch eine Narbe sehen.

Das ist aber nicht bei allen Frühchen so. Manche haben es eilig oder sind bereits groß genug, dass sie den Bauch der Mama ohne Operation durch den Geburtskanal verlassen können.

Ich wog bei meiner Geburt 570 Gramm (etwa so viel wie eine halbe Tüte Mehl) und war 30,5 cm groß.

Schau mal:

So schwer war ich.

So schwer ist ein Baby meistens bei der Geburt.

570 Gramm

3.500 Gramm

Und hier kannst du auch den Unterschied in der Größe sehen.

Klebe dazu die blaue Messlatte, die ganz hinten im Buch als Bastelaktion enthalten ist, über diesen Text. Sie zeigt dir, wie groß ich bei meiner Geburt im Vergleich zu den meisten anderen Babys war.

Und wie groß warst du bei deiner Geburt? Frag doch mal deine Eltern! Vielleicht klebst du auch dein Foto auf die Messlatte!

Nach der Geburt wurde ich sofort von einem Arzt untersucht, der sich mit Frühchen sehr gut auskennt. Er hat einen tollen Namen: Neonatologe.

Wenn man so früh geboren wird wie ich, braucht man erst mal viel Hilfe.
Ich kam in ein besonderes Babybett (das nennt sich Inkubator ①) und viele kleine Kabel waren für mich sehr wichtig.

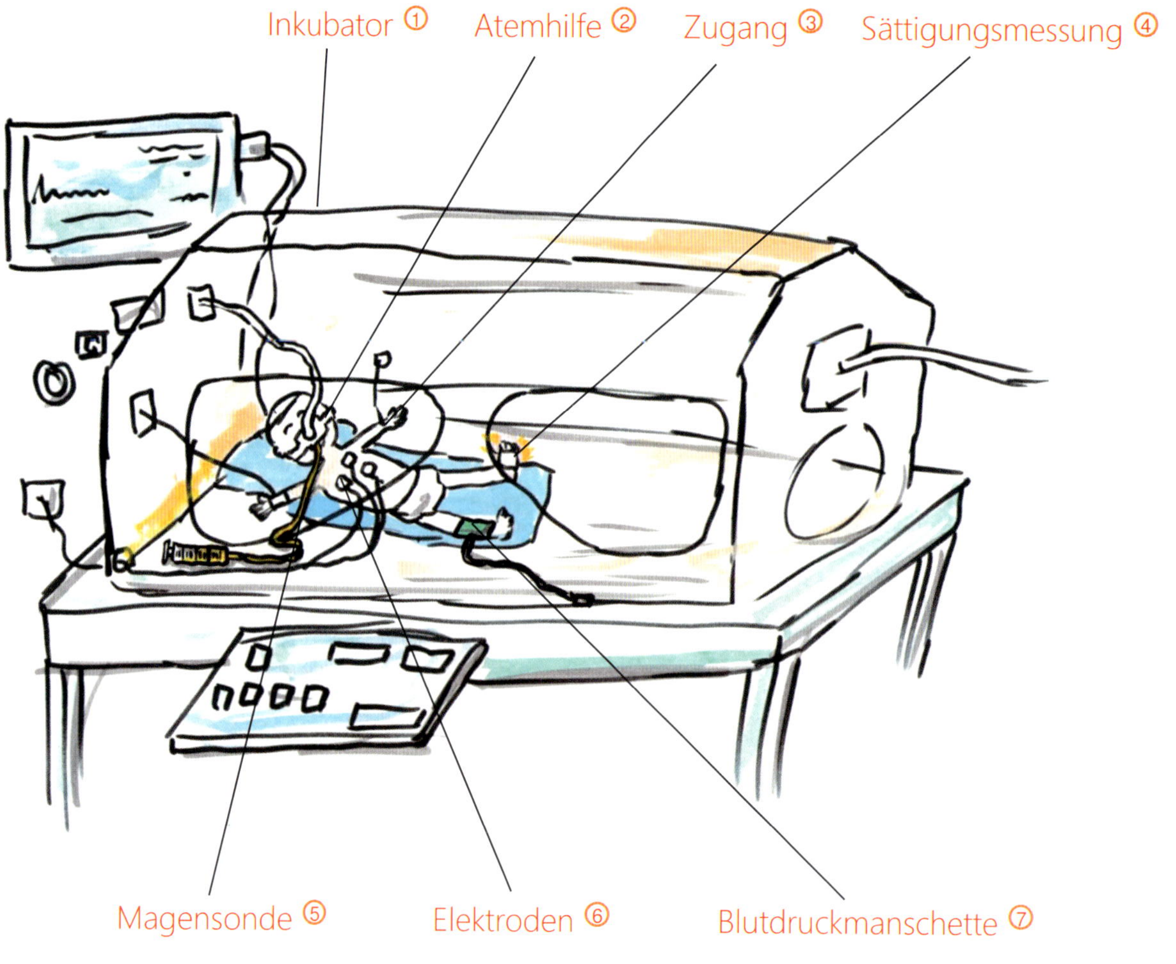

Ich finde, das sieht ganz schön unheimlich aus.

Deshalb hat meine Mama mir ganz genau erklärt, wofür die einzelnen Kabel, Schläuche und Geräte nötig waren.
Viele davon merkt das Baby kaum, da sie nur wie ein Pflaster aufgeklebt sind.
Manche sind sicherlich etwas unangenehm, aber eben notwendig, damit ein Frühchen weiterleben kann. Seit ich das weiß, ist es für mich nicht mehr so unheimlich wie vorher.

Wenn du die einzelnen Kabel, Schläuche und Geräte auch genau kennenlernen möchtest, kannst du hierzu auf den Wissensseiten hinten im Buch mehr erfahren. Zu allen rot gedruckten Wörtern findest du dort nähere Informationen.

Mir fällt aber vor allem auf, dass ein Frühchen irgendwie sehr seltsam aussieht.
Es ist ziemlich klein, viel zu dünn und die Haut ist noch fast durchsichtig.
Das ganze Baby sieht schon ein bisschen komisch aus.

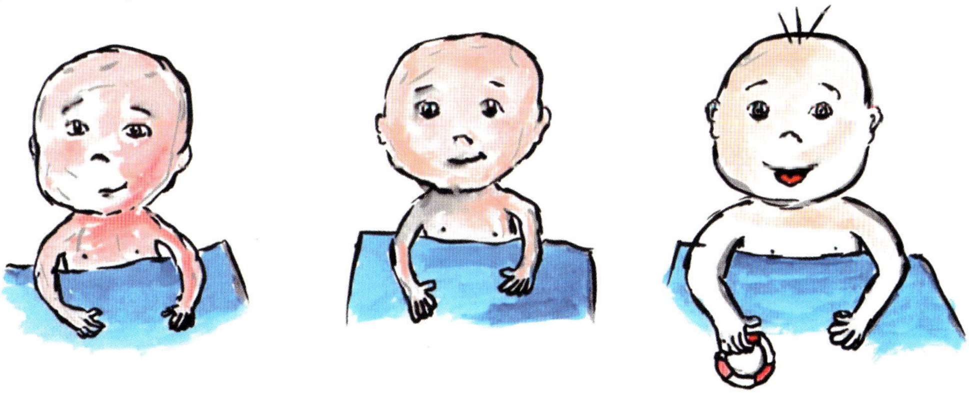

Aber mit der Zeit wird auch ein Frühchen einem nicht zu früh geborenen Baby immer ähnlicher.

Mein Kinderzimmer im Krankenhaus

Findest du diese Dinge im großen Bild?

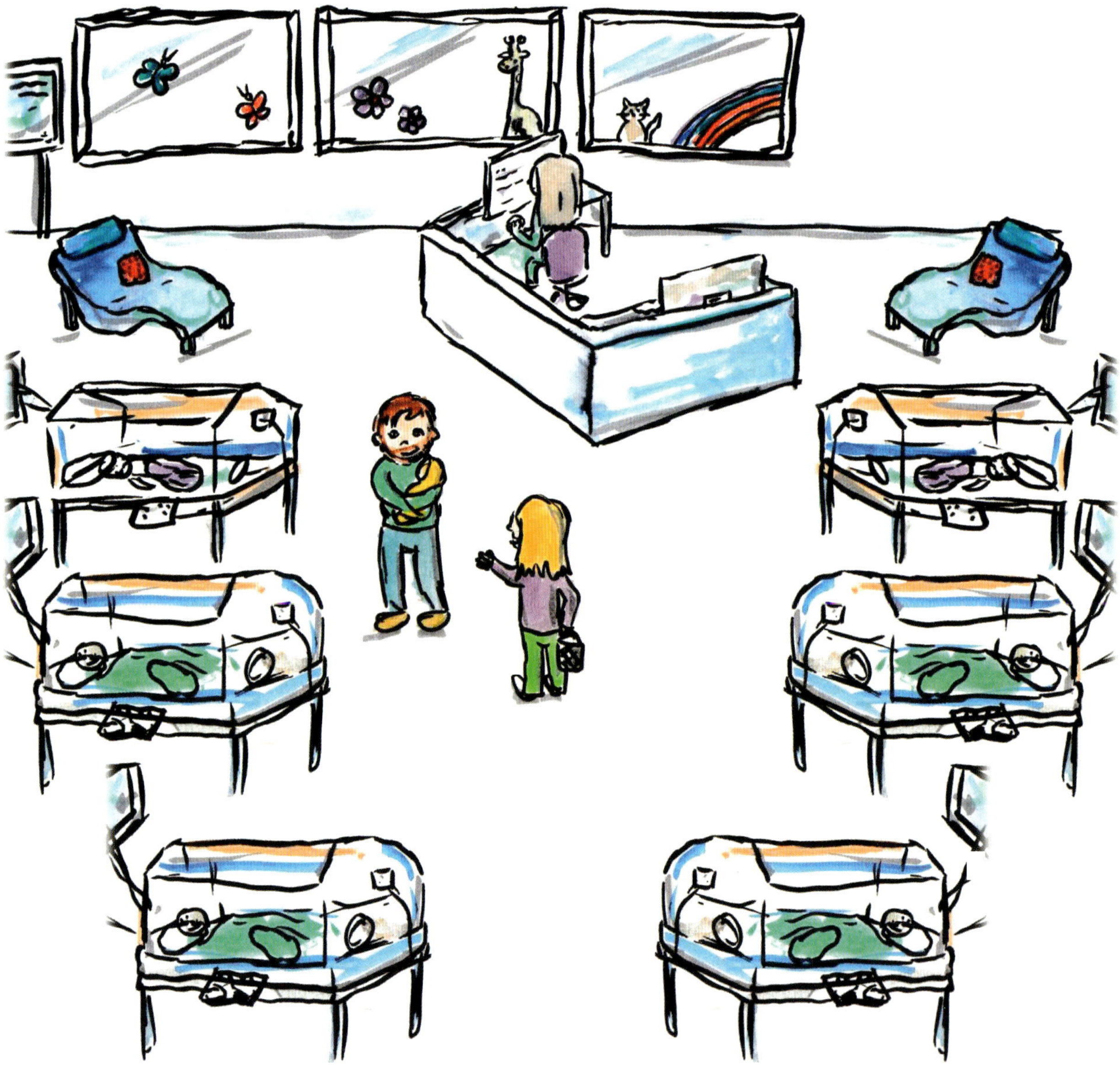

Babys, die so früh und klein auf die Welt kommen wie ich, können nach der Geburt noch nicht mit ihren Eltern nach Hause, sondern müssen erst einmal im Krankenhaus bleiben. Ich habe mir dort ein Zimmer mit fünf weiteren Frühchen geteilt. Da alle so klein waren, hatte das Zimmer den lustigen Namen „Flohzirkus".

Wie du auf dem Bild sehen kannst, sind immer eine oder zwei Schwestern in einem Frühchenzimmer und kümmern sich um die Babys.

An jedem Bettchen ist ein kleiner „Fernseher", der mit Linien und Zahlen anzeigt, wie es den Babys geht (Sauerstoffsättigung ④, Herzschlag ⑥, Atmung ⑥, Blutdruck ⑦).

Der Fernseher kann auch bimmeln und blinken, damit die Schwestern und Ärzte immer Bescheid wissen, wenn ein Baby Hilfe braucht. Das kommt bei kleinen Frühchen oft vor und ist ganz schön laut.

Kuschelzeit

Meine Eltern haben mich, wann immer es möglich war, im Krankenhaus besucht. Besonders schön war es dann, wenn wir „känguruhen" konnten.

Wusstest du, dass ein Känguru-Baby und ein Frühchen etwas gemeinsam haben? Ein Känguru-Baby kommt auch schon sehr früh, spätestens nach 40 Tagen auf die Welt. Es ist winzig klein, etwa so groß wie ein Bonbon und kann nicht sehen und hören. Deshalb muss es im Beutel der Mama weiter reifen. Erst viele Wochen später klettert das Känguru-Baby zum ersten Mal aus dem Beutel heraus und beginnt, die Welt zu erkunden.

Und genau wie die Känguru-Mama ihr Baby ständig in ihrem Beutel mit sich herumträgt und es ganz nah bei sich hat, so darf auch ein Frühchen die Nähe von Mama oder Papa beim „Känguruhen" spüren und dabei weiter reifen.

Meine Mama oder mein Papa lagen dazu neben meinem Inkubator ① auf einem Liegestuhl und ich lag nackig auf ihrer nackten Brust.

KUSCHELN finden alle schön!

Außerdem kann das Frühchen so den Duft seiner Eltern riechen und ihren Herzschlag hören.

Horch doch jetzt mal an der Brust von deinen Eltern – hörst du den Herzschlag?

Für ein Frühchen ist das ganz toll!
So wird zum Beispiel sein eigener Herzschlag ruhiger und auch das Atmen klappt besser.

Mama hat mir erzählt, dass wir das schon kurz nach meiner Geburt fast jeden Tag so gemacht haben.

Und wie war das bei dir? Frag doch mal deine Eltern.
Vielleicht gibt es ja sogar ein Foto davon, wie du mit ihnen „kuschelst".
Wenn du magst, kannst du es hier einkleben:

Am Abend war das schöne Kuscheln leider zu Ende.
Denn nachts können die Eltern nicht bei ihrem Baby sein.
Auch sie müssen schlafen.

Das fand ich erst mal traurig, denn auch noch heute möchte ich nachts in Mamas Nähe sein.

Aber allein war ich ja nicht. Da waren noch die anderen Frühchen und Schwestern und Ärzte.
Sie kümmerten sich darum, wenn ein Baby etwas brauchte.

Platz für ein Kuschelfoto

Meine Mama hat mir erzählt, dass sie ihre Stimme damals extra für mich aufgenommen hat. So konnte ich sie auch nachts hören.

Außerdem hatte ich, wie viele Frühchen, eine Spieluhr und ein Schnuffeltuch in meinem Bettchen. Das Schnuffeltuch hatte Mama vorher lange mit sich getragen, so dass es sehr gut nach ihr roch.

Manchmal wurde sogar eine kleine Hängematte in meinen Inkubator ① gespannt.

Das war richtig gemütlich.

Und schon bald war Mama wieder da.

Atmen, Trinken, Gesund werden ...

In den ersten Wochen muss ein Frühchen sehr viel dazulernen.
Das ist ganz schön anstrengend! Und das, obwohl das Baby sich eigentlich in Mamas Bauch noch ein paar Wochen oder Monate hätte ausruhen dürfen.

Da ist zum Beispiel das Atmen. Immer wieder werden Pausen von der Beatmung oder der Atemhilfe CPAP ② gemacht und das Baby muss es ganz allein versuchen. Mal klappt es besser, mal schlechter.

Mit der Zeit werden die Pausen immer länger, bis ein Frühchen ganz ohne Hilfe alleine atmen kann.

Heute kann ich mir das gar nicht mehr vorstellen. Es ist doch so einfach zu atmen und ich achte eigentlich gar nicht darauf, dass ich es überhaupt mache.

Und auch das Trinken ist für ein Frühchen eine große Herausforderung. Eigentlich können Babys das sofort. Aber Frühchen müssen auch das noch lernen. Zunächst üben sie, schluckweise etwas Milch durch einen Sauger zu trinken.
Auch das klappt mal besser, mal schlechter.

Aber mit der Zeit wird es immer einfacher, bis auch ein Frühchen irgendwann seine ganze Mahlzeit aus der Flasche trinken kann. Nach und nach wird außerdem versucht, die Babys an Mamas Brust anzulegen, um sie zu stillen.

Aber manchmal werden Frühchen auch krank.

Alles, was sie vorher gelernt haben, fällt ihnen dann wieder schwer.
Das Atmen, das Trinken ...

So war es auch bei mir.

Dann ging es mir gar nicht gut. Ich war müde und sehr schlapp.

Die Ärzte gaben mir Medizin, die Antibiose heißt, und ich musste mich in meinem Inkubator ① ausruhen.

Mama oder Papa haben dann ihre Hand auf meinen Rücken gelegt und mir ein Kinderbuch vorgelesen, damit ich ihre Stimme hören konnte.
Die Stimmen der Eltern sind besonders wichtig für ein Frühchen, da es diese schon aus der Zeit kennt, als es noch in Mamas Bauch war.

Nach etwa einer Woche war ich dann zum Glück wieder gesund.

Und mit der Zeit wurde tatsächlich alles besser.

Ich konnte ohne Hilfe atmen und trinken, wurde größer, schwerer und kräftiger.

Mein „Fernseher" bimmelte kaum noch und ich wurde auch nicht mehr so schnell krank.

Nun durfte ich in ein Wärmebettchen umziehen und mit Mama und Papa draußen spazieren fahren.

Das war toll!

Ich darf nach Hause!

Und irgendwann kommt der große Tag, auf den alle so sehr gewartet haben. Der Tag, an dem die Frühchen nach Hause zu ihren Eltern dürfen. Bei mir war es nach zehn Wochen endlich soweit. HURRA!

Das war sehr aufregend für alle. Ich musste mich an ein neues Zuhause und neue Geräusche gewöhnen. Mama und Papa mussten sich nun allein um mich kümmern und auf mich aufpassen.

Aber es war vor allem eines: WUNDERSCHÖN!
Denn man ist nun Tag und Nacht zusammen, darf Großeltern und Freunde treffen und vieles mehr ...

Und auch jetzt müssen wir Frühchen noch viel lernen. Eigentlich das, was alle Babys lernen müssen (krabbeln, laufen, Brei essen und, und, und).

Manches fällt einem Frühchen trotzdem ein bisschen schwerer. Aber sie kämpfen sich durch und meistens klappt es dann auch.

Ein Frühchen muss noch häufig zum Arzt, um zu kontrollieren, wie groß und wie schwer es geworden ist, was es gelernt hat, wo es vielleicht noch ein wenig Hilfe benötigt und vieles mehr.

Für uns Frühchen sind die Arzttermine ziemlich unangenehm und obwohl die Ärzte nett zu mir waren, fand ich sie noch lange Zeit unheimlich. Aber nun habe ich verstanden, dass sie mir nur helfen wollen.

Ich bekomme eine Frühchenschwester

... und dann kam Emilia. Als ich drei Jahre alt war, bekam ich eine Schwester.

Schon als Emilia noch in Mamas Bauch war, mussten die beiden für ein paar Wochen ins Krankenhaus. Mama erzählte mir, dass auch Emilia, so wie ich, in ihrem Bauch nicht mehr richtig wachsen konnte.

Auch Emilia ist ein Frühchen.

Jetzt denkst du wahrscheinlich, alles ging wieder genauso von vorne los. Aber es war doch anders als bei mir.

Emilia wurde nur sechs Wochen zu früh geboren. Sie wog 1.430 Gramm und war 38 cm groß.

570 Gramm
Niklas

1.430 Gramm
Emilia

3.500 Gramm
Baby

An dieser Stelle im Buch ist Platz für eine zweite Messlatte – diesmal in der Farbe „pink“. Sie zeigt dir, wie groß Emilia bei ihrer Geburt war. Und eine kleine Überraschung kannst du darauf auch noch finden. Wenn du Lust hast, klebe sie über diesen Text.

Da sie fast sieben Wochen länger in Mamas Bauch war als ich, konnte sie schon alleine atmen und ein bisschen alleine trinken.

Sie sah auch schon eher wie ein reifes Baby aus, nur kleiner.

Emilia lag direkt in einem Wärmebett. Sie brauchte keinen Inkubator①.

Ein paar Kabel waren trotzdem da. Damit wurden ihr Herzschlag⑥, ihre Atmung⑥ und ihre Sauerstoffsättigung④ nur zur Sicherheit überwacht.

Aber kurz nach ihrer Geburt wurde Emilia sehr krank. Ihr Blut war nicht in Ordnung und ihr Magen⑨ hatte plötzlich ein Loch.

Das Loch musste in einer Operation genäht werden.

Mama erzählte mir, dass es häufiger vorkommt, dass Frühchen operiert werden müssen.

Ihre kleinen Körper und Organe sind noch sehr unreif und hätten ja eigentlich in Mamas Bauch noch ein paar Wochen wachsen und reifen sollen.

Emilia muss operiert werden

Ich wusste nicht, was genau eine Operation ist. Tut es Emilia weh?

Mama erklärte mir, dass die Babys vor einer Operation von einem Arzt eine Vollnarkose bekommen.

Das bedeutet, dass ihnen über einen Zugang[3] Medizin gegeben wird, damit sie einschlafen und keine Schmerzen spüren.

Auch dieser Arzt hat einen besonderen Namen: Anästhesist.

Erst danach beginnen die anderen Ärzte, die Chirurgen heißen, mit der Operation.

So sieht es in einem Operationssaal aus:

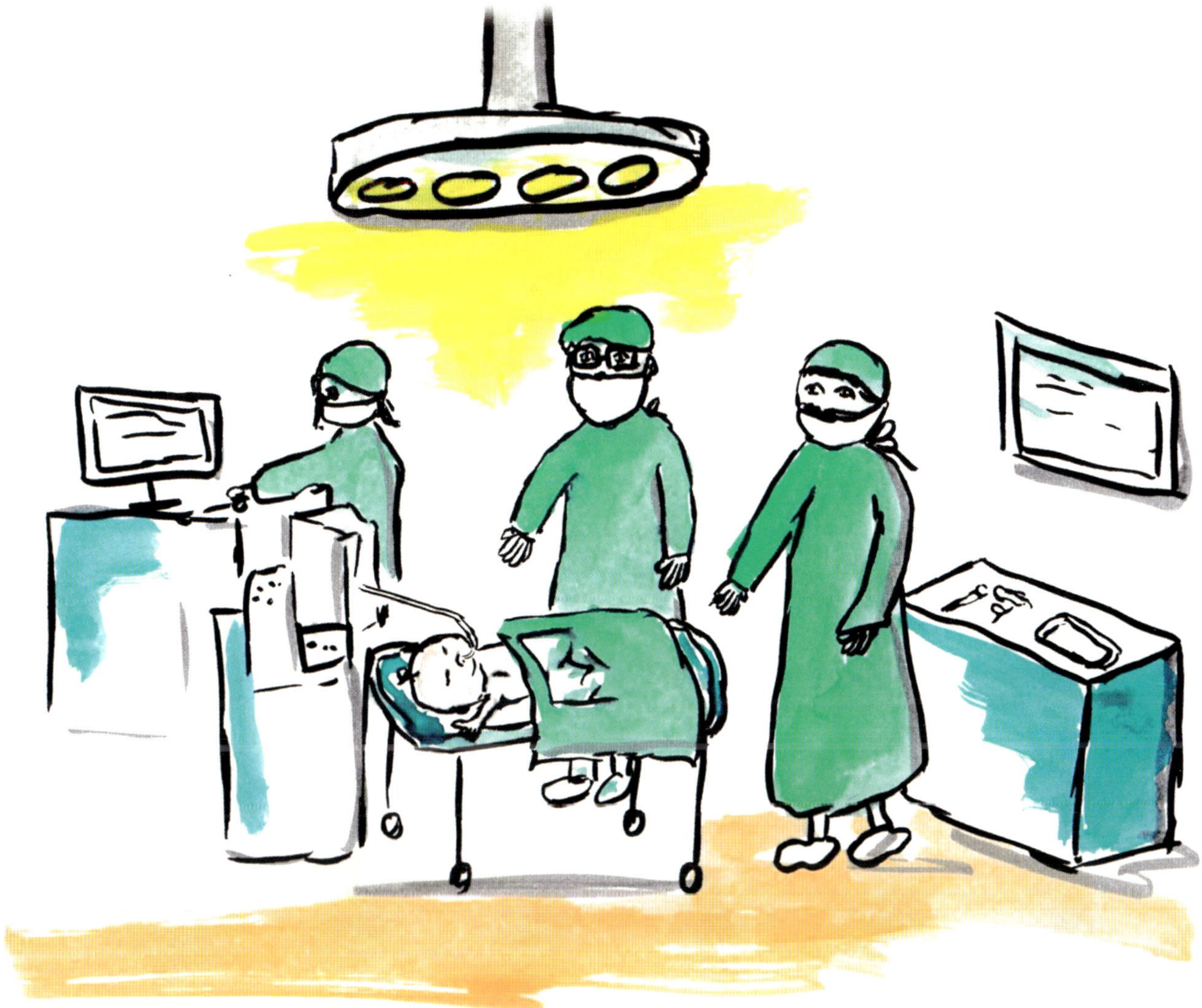

Die Chirurgen, Anästhesisten und Operationshelfer finde ich ganz schön unheimlich. Sie tragen grüne Schutzkleidung, Mundschutz und Handschuhe, damit keine Keime [10], die sich an ihrer Kleidung oder in ihrem Mund befinden, an das Baby kommen und es dadurch krank wird.

Ähnlich wie bei einem Kaiserschnitt wurde auch bei Emilias Operation der Bauch mit einem kleinen Schnitt geöffnet, damit die Chirurgen das Loch im Magen⑨ nähen konnten.

Auch heute sieht man an dieser Stelle noch eine Narbe. Mama sagt immer, das macht sie einzigartig und sie kann stolz darauf sein, dass sie diese schwere Krankheit besiegt hat.

So eine Operation ist ganz schön anstrengend für ein Frühchen.

Deshalb muss es sich danach erst einmal ausruhen.

Emilia musste sich sogar einige Wochen ausruhen.

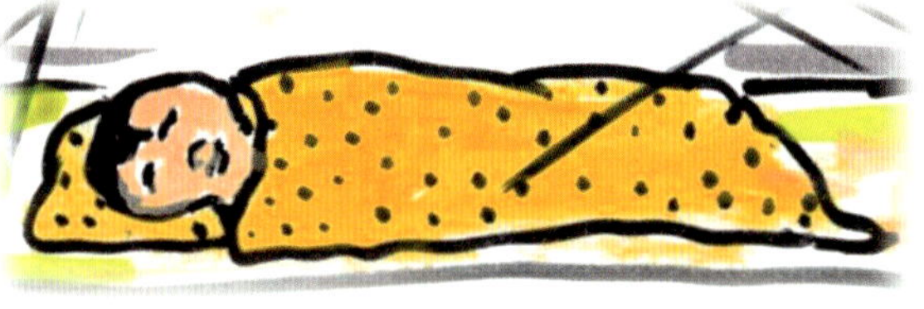

Sie wurde eine Woche lang beatmet② und bekam sehr viel Medizin, die ihr dabei half, wieder gesund zu werden.

Und das sah in etwa so aus wie bei mir, als ich ein Frühchen war.
Sie hatte die gleichen Kabel, Schläuche und Geräte zur Überwachung und damit sie die nötige Medizin bekommen konnte.

Außerdem hatte sie in der ersten Zeit nach der Operation noch eine Wunddrainage⑪ und einen Blasenkatheter⑫.

Eine komische Zeit! Emilia im Krankenhaus und ich zuhause

Mama und Papa
waren jeden Tag
bei Emilia im Krankenhaus,
haben ihr vorgelesen
und, wenn es Emilia gut ging,
mit ihr gekuschelt.

Ich habe meine Eltern in dieser Zeit sehr vermisst. Aber ich weiß, dass Emilia sie viel dringender brauchte als ich.

Und ich hatte ja noch
meine Opas und Omas
und meine Freunde, die sich
um mich gekümmert haben.

Mama und Papa waren in dieser Zeit oft traurig
und haben manchmal sogar geweint.

Ich habe damals nicht so
richtig verstanden, was los war.

Mama hat mir dann erklärt, dass
Emilia krank ist und sie nicht weiß,
wann sie wieder gesund sein wird.

Endlich! Ich fahre zu meiner Schwester

Wenn man erkältet ist, darf man ein Frühchen nicht besuchen.

Weil sie noch so klein sind, stecken sie sich sehr schnell an.

Und was bei einem Kind nur ein einfacher Husten oder Schnupfen ist, kann für ein Frühchen richtig gefährlich werden.

Deshalb konnte ich meine Schwester erst nach ein paar Wochen das erste Mal sehen.

Ich hatte ...

... **Angst** vor dem Krankenhaus,

... **Angst** vor den Ärzten,

... **Angst** davor, Emilia zu sehen.

Mama hat mir erklärt, dass das ganz normal ist, wenn man etwas Neues noch nicht kennt und es einem vielleicht unheimlich ist.

Zur Sicherheit sollte ich dann auch noch einen Mundschutz anziehen.

Das wollte ich nicht.

Aber dann hat mir eine Ärztin einen tollen Mäuse-Mundschutz geholt und ich habe mich getraut. Und wenn man sich etwas getraut hat, kann man stolz auf sich sein.

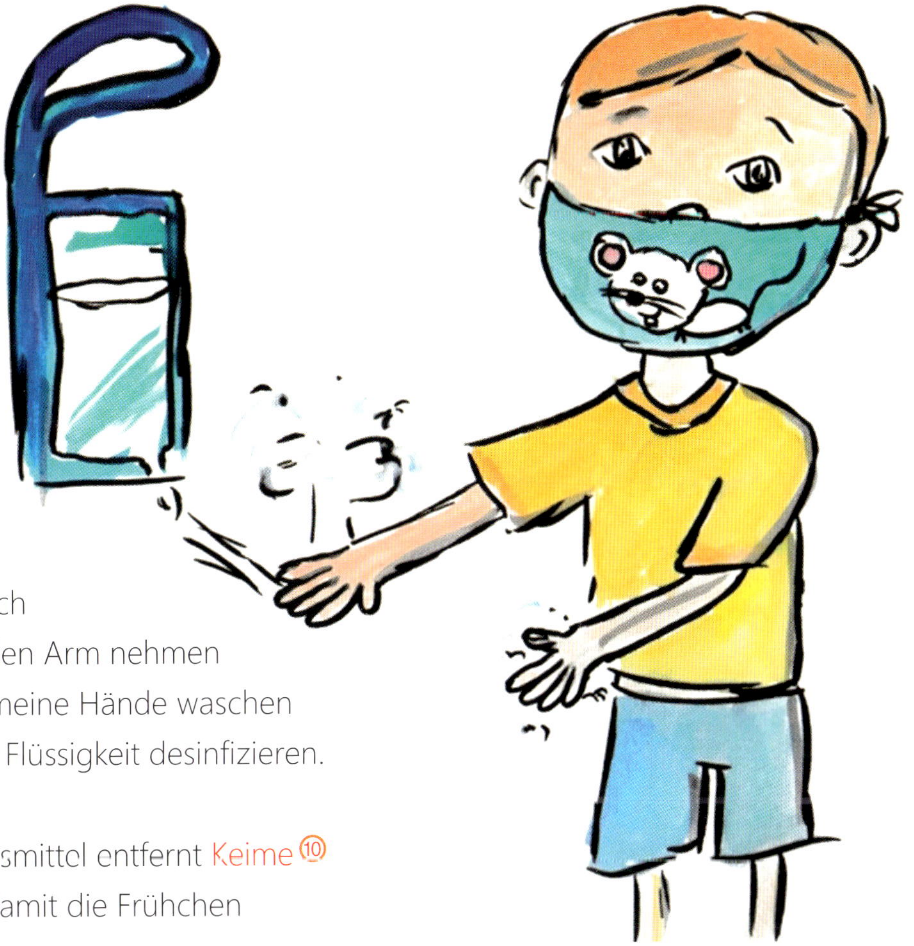

Damit ich Emilia auch
berühren und auf den Arm nehmen
durfte, musste ich meine Hände waschen
und dann mit einer Flüssigkeit desinfizieren.

Dieses Desinfektionsmittel entfernt Keime (10)
von den Händen, damit die Frühchen
nicht krank werden.

Den Geruch finde ich fürchterlich.

Vielleicht weil er mich an eine Zeit erinnert, die für mich sehr anstrengend war.

Denn nach meiner Geburt mussten Mama und Papa sich auch immer die Hände waschen und desinfizieren, wenn sie mich besucht haben.

Und dann war es soweit.

Zum ersten Mal durfte ich meine kleine Schwester sehen und berühren.

Ich kann dir sagen – auch für Geschwisterkinder ist es komisch, wenn sie das erste Mal ein Frühchen sehen.

Man denkt: „Die sind aber klein."

Und eigentlich kann man nur auf die ganzen Kabel, Schläuche und Geräte in dem Zimmer schauen und sich fragen, wofür sie gut sind und ob es dem Baby weh tut.

Aber du weißt ja jetzt, genau wie ich, dass manche zwar etwas unangenehm, viele jedoch nur wie ein Pflaster sind und die Babys ohne diese Hilfe nicht leben können.

Emilia darf nach Hause!

Nach zehn Wochen hatte Emilia sich genug von ihrer Operation ausgeruht.

Sie konnte schon lange wieder alleine atmen und auch ihre Flasche trinken.
Sie war gesund und durfte ENDLICH nach Hause.

Heute ist Emilia zwei Jahre alt.

Ich bin froh, dass ich eine kleine Schwester habe – und jetzt teilen wir uns einfach Mama und Papa.

… Das alles habe ich erlebt.

Bald ist meine Kindergartenzeit vorbei und ich komme in die Schule.

Darauf bin ich schon sehr gespannt!

Manchmal merke ich auch heute, dass ich ein bisschen anders bin als andere Kinder. Ich bin zum Beispiel etwas kleiner und sehr dünn und beim Fangen spielen verliere ich meist.

Das ist schon mal komisch für mich und ab und zu bin ich deshalb auch traurig.

Aber ich weiß, dass es ok ist, wenn ich traurig bin. Auch das gehört eben zum Leben dazu.

Und in diesen Momenten erinnere ich mich daran, was ich besonders gut kann. Denn gerade weil ich so klein und dünn bin, kann ich zum Beispiel super turnen und klettern.

Und ich denke immer an das, was Mama mir gesagt hat:

Alle Menschen sind unterschiedlich. Sie sehen unterschiedlich aus und haben verschiedene Stärken und Schwächen.

Der eine ist sehr groß, der andere eher klein. Manche können toll malen, andere überhaupt nicht. Dafür können diejenigen vielleicht besser klettern als andere …

Und eigentlich macht jeden Menschen das „Anderssein" auch einzigartig und erzählt seine Geschichte.

In den ersten Wochen nach unserer Geburt haben wir den wahrscheinlich größten Kampf unseres Lebens bereits gewonnen – und das muss man erst mal schaffen!

Und hier ist Platz für dein Siegerbild:

Willst du es genau wissen …?

1. Inkubator 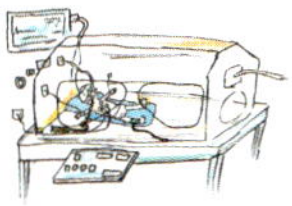
2. Atemhilfe 
3. Zugang 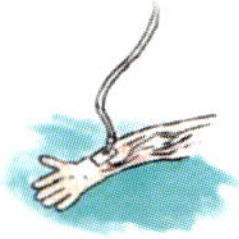
4. Sättigungsmessung 
5. Magensonde 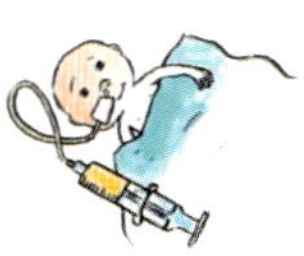
6. Elektroden 
7. Blutdruckmanschette 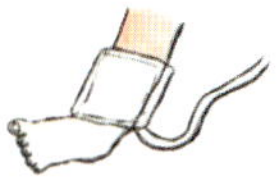
8. Lunge 
9. Magen, Darm 
10. Keime 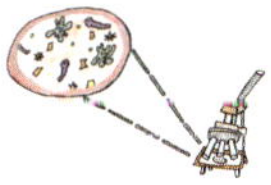
11. Wunddrainage 
12. Blasenkatheter 

1

Wofür braucht man einen Inkubator?

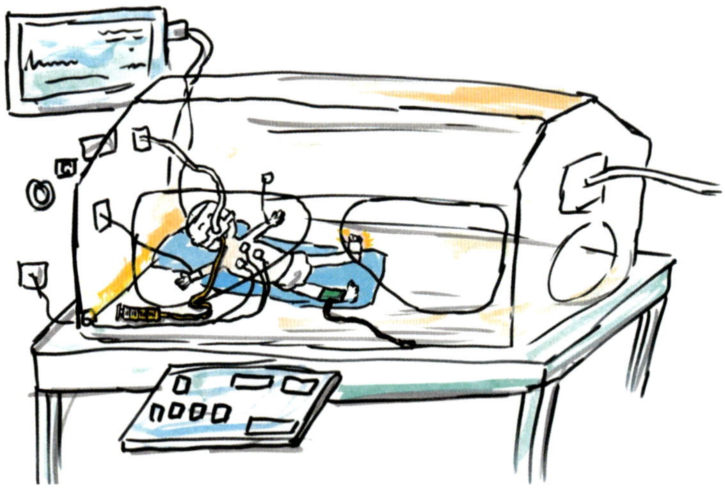

Der Inkubator, auch Brutkasten genannt, hat ganz viele Funktionen, die für ein Frühchen sehr wichtig sind und es besonders schützen (ähnlich wie vorher in Mamas Bauch).

Er hat zum Beispiel eine eingebaute Heizung, so dass es dort immer schön warm für die Babys ist. Unsere Körpertemperatur ist normalerweise ungefähr 37 Grad.
Bei den Frühchen muss noch dafür gesorgt werden, dass der Körper diese Temperatur hat. Von allein würden sie auskühlen. Damit das nicht passiert, schlafen Frühchen in einem Inkubator, der außerdem die Luft für ihre noch empfindliche Haut etwas feuchter macht.

Der Inkubator schützt die Babys auch vor Lärm und Keimen [10], denn Frühchen brauchen sehr viel Ruhe und krank machende Keime [10] sind eine große Gefahr für sie.

Damit die Mamis und Papis ihre Babys trotzdem berühren können, gibt es an der Seite des Inkubators Klappen, durch die sie ihre Hände stecken können.

Was ist eine Atemhilfe?

Viele Frühchen schaffen es nicht, alleine zu atmen, da ihre Lunge ⑧ bis jetzt noch nicht stark genug ist.

Bei den meisten reicht eine Atemhilfe durch einen CPAP aus. Die Frühchen atmen dann selber, bekommen nur etwas Hilfe durch ein Gerät, das Luft in ihre Lunge ⑧ pustet. Dazu wird eine Maske auf die Nase gesetzt, ähnlich wie beim Inhalieren. Damit von der Maske keine Druckstellen entstehen, wird diese ab und zu abgenommen und die Luft stattdessen durch einen dünnen Schlauch gepustet, der durch die Nase bis in den Mund geht.

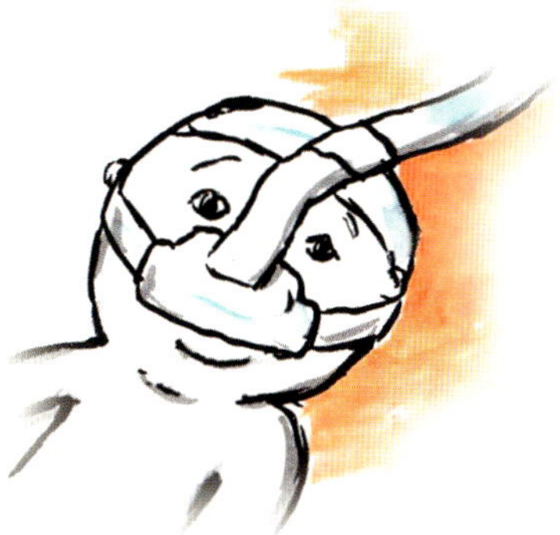

Die Frühchen werden nach und nach daran gewöhnt, ganz alleine zu atmen. Manchmal hilft dabei nach dem CPAP zusätzlich eine kleine Brille, die in die Nasenlöcher kommt. Auch hier wird wie beim CPAP Luft in die Nase reingepustet, allerdings weniger stark. Das nennt man „High-Flow“. Wenn ganz sanft gepustet wird, heißt es „Low-Flow“.

Es gibt aber auch Frühchen, bei denen das alles nicht ausreicht. Sie müssen durch einen dünnen Schlauch, der Tubus heißt, „beatmet“ werden. Er führt durch die Nase oder den Mund bis zum Eingang der Lunge⑧. Das bedeutet, dass eine Maschine das Atmen übernimmt. Auch wenn dies den Babys erst mal sicher unangenehm ist, ist es sehr wichtig für die Frühchen. Denn ohne Atmen kann man nicht leben.

3

Was ist ein Zugang?

Gerade am Anfang können die Frühchen noch nicht ihre ganze Nahrung mit dem Fläschchen oder durch die Magensonde⑤ bekommen. Denn die Organe Magen⑨ und Darm⑨ sind noch nicht reif genug und müssen sich erst langsam an Nahrung gewöhnen. Deshalb werden die Frühchen zusätzlich über einen Zugang ernährt, damit sie schnell weiter wachsen und an Gewicht zunehmen können.

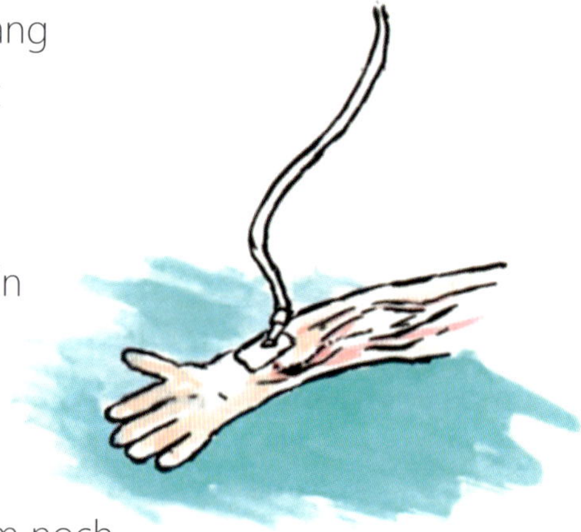

Dazu wird mit einem „Pieks" ein ganz dünnes Schläuchlein in eine Blutader des Babys gelegt.
Vielleicht musstet ihr vor kurzem ja schon mal einen Zugang bekommen oder es wurde Blut abgenommen.
Der „Pieks" tut kurz weh, aber danach merkt man es kaum noch.

Durch dieses Schläuchlein können dem Baby nun außerdem auch noch wichtige Nährstoffe und Medizin gegeben werden.

Meine Mama nennt einen Zugang auch Tankstelle.
So wie die Autos an der Tankstelle ihr Benzin durch einen Schlauch bekommen, kann ein Baby die notwendige Nahrung und Medizin erhalten.

Was ist eine Sättigungsmessung?

Also das ist jetzt wirklich kompliziert!
Plötzlich habe ich am Fuß einen roten Leuchtepunkt!

Damit wird die Sauerstoffsättigung der Babys gemessen, also wie viel Sauerstoff, der beim Einatmen durch die Lunge⑧aufgenommen wurde, danach im Blut transportiert wird.
Das ist wichtig, damit man weiß, wie es den Frühchen geht.
Wenn sie zum Beispiel krank werden, können die Ärzte und Schwestern das sofort erkennen, da die Sauerstoffsättigung dann zu niedrig ist (eine gute Sauerstoffsättigung bei Frühchen: ab 92).
Gemessen wird die Sättigung durch einen rot leuchtenden Kontaktknopf, der mit einem Pflaster am Fuß der Babys festgeklebt wird.

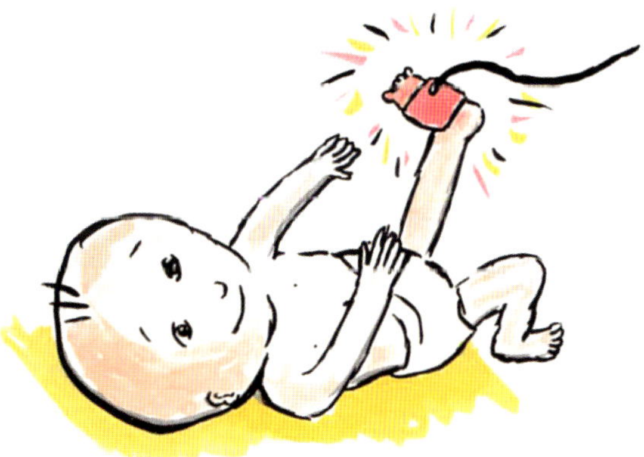

5

Was ist eine Magensonde?

Viele kleine Frühchen haben noch nicht genug Kraft, um die Milch aus der Flasche oder Mamas Brust zu trinken.
Deshalb brauchen sie eine Magensonde.
Sie bekommen ein dünnes Schläuchlein in die Nase oder den Mund, durch das die Milch direkt in den Bauch des Babys, genauer gesagt in den Magen⑨, fließen kann.

Das ist bestimmt ein bisschen unangenehm, aber so werden die Babys ohne große Anstrengung satt und können weiter wachsen.

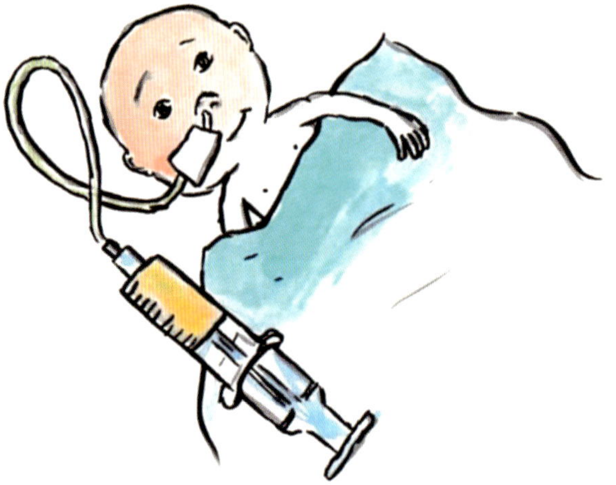

Was sind Elektroden?

Auf meinem Bauch sind drei Klebepunkte, die Elektroden genannt werden.

Hiermit wird gemessen, wie mein Herz schlägt
und wie ich atme.

Auch hieran können die Ärzte und Schwestern
erkennen, wie es den Babys geht.

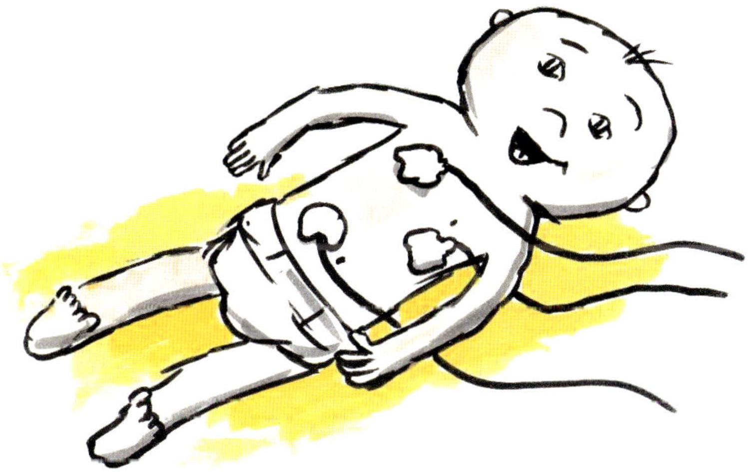

7

Was ist eine Blutdruckmanschette?

Ab und zu kommt noch ein weiteres Kabel dazu. An einem Ende des Kabels ist eine Manschette. Dieses Band wird um das Bein oder den Arm des Babys gewickelt. Am anderen Ende führt das Kabel in ein Blutdruckmessgerät.

Die Manschette pustet sich dann immer mal wieder kurz auf und das Gerät misst so den Blutdruck des Babys, also wie stark das Blut durch die Adern fließt.

Auch daran können die Ärzte erkennen, wie es dem Baby geht.

Das drückt ein bisschen am Arm oder Bein, wenn sich die Manschette aufpustet. Etwa so, wie wenn du Schwimmflügel trägst.

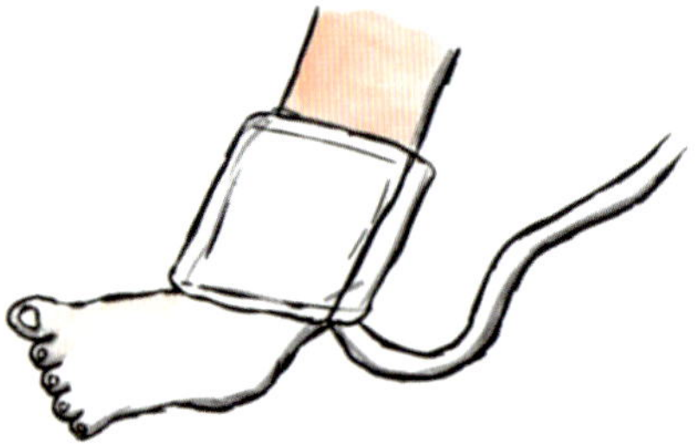

Was ist die Lunge?

In unserem Körper befinden sich viele verschiedene Organe wie zum Beispiel Magen[9], Darm[9], Herz, Leber, Niere oder die Lunge.

Alle Organe haben eine bestimmte Funktion und sind für das Leben des Menschen sehr wichtig.

Die Lunge ist dein Atemorgan.
Wenn du einatmest, saugst du die Luft in die Lungenflügel.
Diese bestehen aus unzähligen winzigen Lungenbläschen.
Durch sie fließt Blut, das den Sauerstoff
aus der Atemluft aufnimmt.

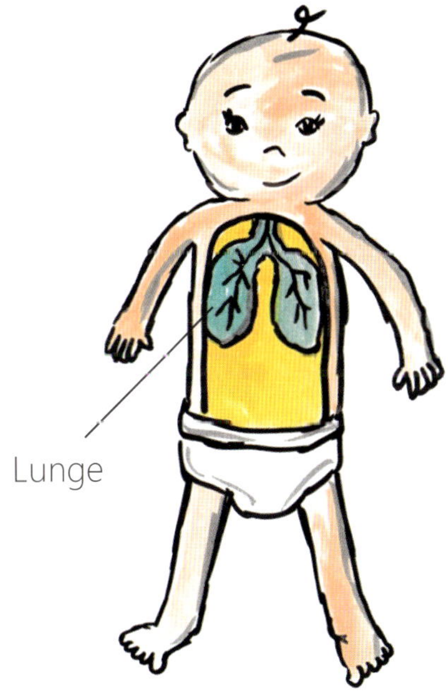

9

Was ist der Magen? Was ist der Darm?

Du weißt ja bereits, dass es im Körper des Menschen viele verschiedene Organe gibt. Eines davon ist der Magen.

Der Magen gehört zum Verdauungstrakt des Menschen.
Alles was du isst oder trinkst (Nahrung), gelangt nach dem Kauen und Runterschlucken in den Magen und wird automatisch zu einem Brei zerkleinert. Anschließend rutscht dieser Brei in den Darm, wo die wichtigen Nährstoffe, die dem Menschen Energie liefern, aufgenommen werden.
Der nicht benötigte Teil der Nahrung wird schließlich vom Menschen ausgeschieden, landet also in der Toilette oder bei den Babys in der Windel.

Bei Frühchen achten die Ärzte und Schwestern hierauf immer ganz genau, damit der Darm nicht verstopft oder verschmutzt (wie bei einem Abflussrohr). Das kann sonst ganz gefährlich für die Frühchen werden.

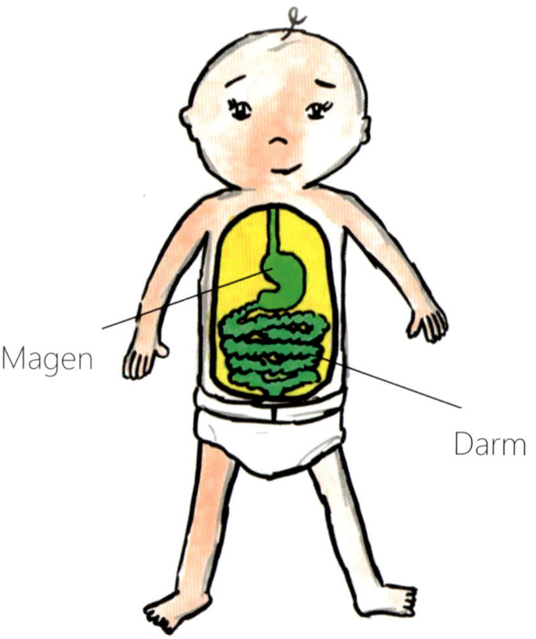

Was sind Keime?

Kranke Menschen verbreiten Keime, zum Beispiel wenn sie niesen oder etwas anfassen. Keime sind so winzig klein, dass du sie nur mit einer ganz starken Lupe (Mikroskop) sehen kannst.

Gesunden Menschen machen diese Keime meist nichts aus. Doch für geschwächte Menschen wie Frühchen können sie sehr gefährlich werden.

Besonders in Krankenhäusern gibt es viele Keime.

Deshalb muss gerade dort sehr aufgepasst werden (durch Handschuhe, Mundschutz, Kittel, Desinfektionsmittel), dass diese nicht auf andere Menschen übertragen werden.

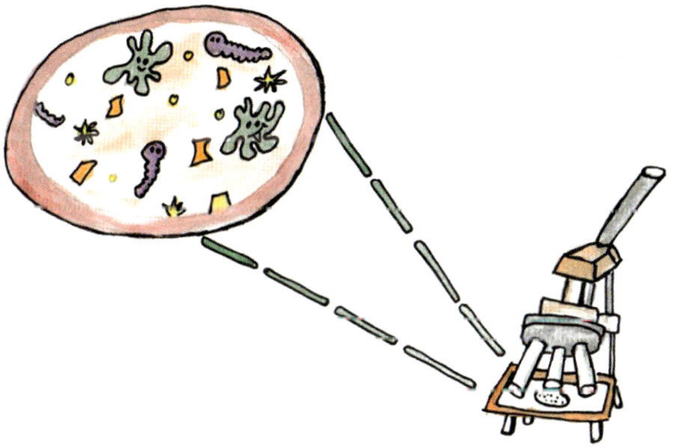

Was ist eine Wunddrainage?

Ihr habt euch sicherlich auch schon einmal verletzt und die Stelle hat geblutet.

So ähnlich müsst ihr euch das in Emilias Bauch vorstellen.

Aber das Blut und die Wundflüssigkeit dürfen nicht in ihrem Bauch bleiben.

Deshalb legen die Chirurgen bei der Operation einen dünnen Schlauch an die Wunde, so dass die restlichen Flüssigkeiten auch nach der Operation noch „nach draußen" abfließen können.

Und nach ein paar Tagen kann der Schlauch (Drainage) einfach herausgezogen werden.

Was ist ein Blasenkatheter?

Der Urin, also das Pipi, wird in der Harnblase gesammelt. Nach dem Pipimachen ist die Harnblase wieder leer.

Während einer größeren Operation sorgt Medizin im Körper auch dafür, dass das Pipi nicht mehr wie sonst aus der Harnblase rauskommen kann.
Hier hilft ein Blasenkatheter.
Das ist ein dünnes Schläuchlein, dass das Pipi direkt aus der Harnblase nach draußen in einen Beutel leitet.

Ohne Blasenkatheter könnte sich ganz viel Pipi in der Harnblase sammeln und nicht abfließen, was dann weh tun würde.

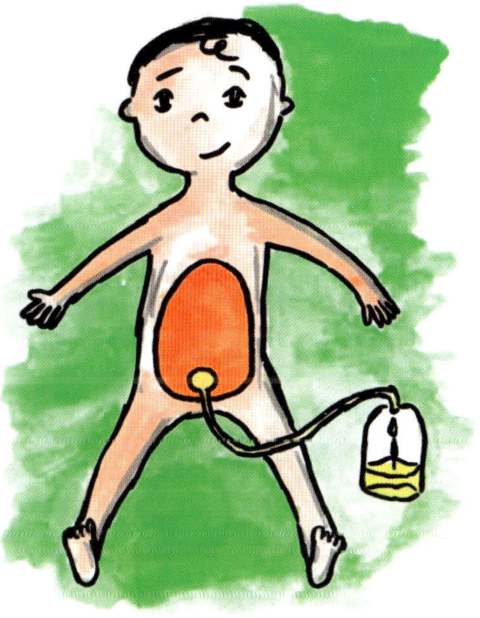

Bastelaktion „Messlatten für Seite 7 und Seite 20“

Die Streifen ausschneiden und jeweils die mit „Hier kleben!“ markierte Stelle von unten an den vorherigen Streifen kleben.

Anschließend an der ersten weißen Linie nach innen, an der zweiten weißen Linie nach außen knicken und auf Seite 7 beziehungsweise Seite 20 einkleben.

Um länger Spaß an der Messlatte zu haben, empfiehlt es sich, diese zuvor auf eine stabile Pappe (Bastelbedarf) zu kleben.

Messlatte für Seite 7

Hier kleben! 1

Niklas
30,5 cm

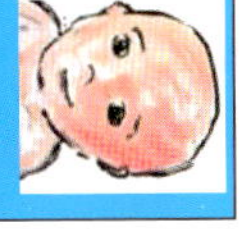

Hier kleben! 2

Hier kleben! 3

52 cm

Messlatte für Seite 20

Kängurubaby
2 cm

Hier kleben! 1

Niklas
30,5 cm

Hier kleben! 2

Emilia
38 cm

Hier kleben! 3

52 cm

Zum Schluss habe ich noch ein spannendes Rätsel für dich …

Hast du Lust?

Wenn du alle Fragen beantworten kannst, verraten dir die Anfangsbuchstaben der Antworten das Lösungswort. Deine Eltern können dir gerne ein bisschen helfen. Viel Spaß!

1. Wie nennt man das nackige Kuscheln der Babys auf Mamas oder Papas Brust? ◯ _ _ _ _ _ _ _ _ _
2. Was sind Neonatologen, Chirurgen und Anästhesisten? ◯ _ _ _ _
3. Wie bekommen die Babys ihre Milch, wenn sie noch nicht aus der Flasche trinken können? ◯ _ _ _ _ _ _ _ _ _
4. Viele Kabel und Schläuche tun den Babys nicht weh. Sie sind wie …? ◯ _ _ _ _ _ _ _
5. Wie nennt man die Babys, die nicht 9 Monate in Mamas Bauch bleiben? ◯ _ _ _ _ _ _ _
6. Womit werden Herzschlag und Sättigung der Babys überwacht? ◯ _ _ _ _ _ _ _ _ _
7. Wo hat Mama mich mit ihrer Hand berührt, wenn ich krank war? ◯ _ _ _ _

Lösungswort: _ _ _ _ _ _ _
1 2 3 4 5 6 7

Hast du das Lösungswort gefunden?

Super! Dann bist du jetzt schon ein richtiger Medizin-Profi!

Lösung: KÄMPFER

So begann also unsere Familiengeschichte ...

Wir sind froh, dankbar und unendlich glücklich, dass wir heute zwei gesunde und fröhliche Kinder haben. Dies ist längst keine Selbstverständlichkeit.

Dafür danken wir an dieser Stelle von ganzem Herzen dem Ärzte- und Schwesternteam der Uniklinik Bonn.

Danke sagen wir außerdem unseren Familien und Freunden, die uns in dieser schweren Zeit bedingungslos und uneingeschränkt unterstützt haben. Ohne ihre tatkräftige Hilfe, ihr stets offenes Ohr (auch wenn es sich zum 100. Mal um dasselbe Thema drehte), ihren Zuspruch oder einfach nur ihre Umarmung wäre die damalige Zeit kaum durchzustehen gewesen.

Die anfänglichen Strapazen werden uns immer in Erinnerung bleiben und die Spuren dessen sind auch heute noch vorhanden. Doch die intensiven Erlebnisse und Gefühle dieser Zeit verblassen.

Mit diesem Buch konnte die Vergangenheit wieder ein bisschen mehr verarbeitet werden.

Danke sage ich auch meinem Mann und meinen Eltern, die es mir ermöglicht haben, die Zeit für die Erstellung des Buches zu finden. Ich danke all denen, die es durch ihre konstruktive Kritik und tollen Ideen immer weiter verbessert und zu dem Werk gemacht haben, das Sie heute in Ihren Händen halten.

Impressum:
Manuela Kinzel Verlag
73037 Göppingen
Tel. 07165 / 929 399

info@manuela-kinzel-verlag.de
www.manuela-kinzel-verlag.de

3. Auflage 2022

ISBN 978-3-95544-139-5